LEO BÄHRENDT
SÜDTIROL

EIN LAND AN DER SCHWELLE ZUR MODERNE
HERAUSGEGEBEN VON GUNTHER WAIBL

LEO BÄHRENDT
SÜDTIROL

Bozen, Waltherplatz

Ritten, Blick zum Schlern *

Vinschgau, Schloß Hochnaturns *

Grand Hotel Sulden

Etschtal mit Terlan *
Meran, Kurpromenade *

St. Martin in Passeier

Meran, Pfarrplatz

Gröden, Paar in Tracht

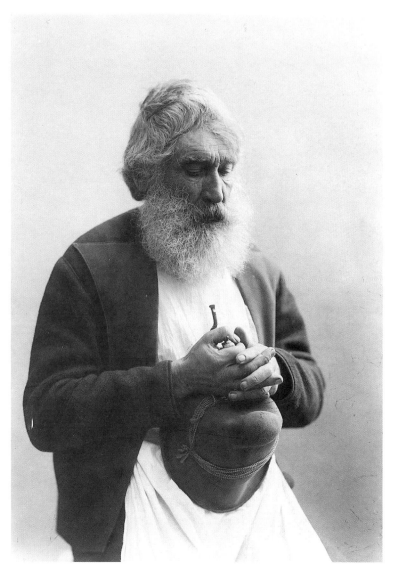

Portraitstudien

Reisen dient dazu, Fremdes zu sehen und zu entdecken. Erlebnisse und Eindrücke werden festgehalten. Einen ähnlichen Sinn hat die Photographie; es besteht mithin eine starke Affinität zwischen Reisen und Photographieren. Beide Phänomene sind zudem Kinder des 19. Jahrhunderts, beide Varianten derartiger Welterkundung haben in unserem Jahrhundert eine massenhafte Ausbreitung erfahren. Der Reisende erkundet neue, für ihn unbekannte Ecken der Welt und ist bemüht, Eindrücke festzuhalten - in seiner Erinnerung, schriftlich oder im Bild. Früher erfüllten Reisetagebücher, Reisebeschreibungen und Skizzenhefte dieses Bedürfnis nach ortsungebundener Dauerhaftigkeit des Reiseerlebnisses. Sobald die technische Entwicklung es einigermaßen erlaubte, besetzten die Photographen diese Nische im Museum der Erinnerungen.

Leo Bährendt, 1914

War in früheren Jahrhunderten Tirol Durchzugsland für vorwiegend literarisch oder kunsthistorisch motivierte Reisen aus dem deutschen in den italienischen Kulturraum, brachte das vorige Jahrhundert mit seinem erwachenden Interesse an Natur und Bergwelt eine neue Dimension in die Reiseströme. Die wildromantischen Alpen und ihre volkstumsbewußten Bewohner erregten das Interesse des städtischen Bürgertums, wie aus den Motiven zahlreicher Druckgraphiken der ersten Hälfte des 19. Jahrhunderts abzulesen ist. Eine weitere Akzentuierung setzte wenig später durch die Pionierleistungen im Eisenbahnwesen und in der alpinistischen Erschließung der Bergwelt ein. Die Begriffe nah und fern, erreichbar und unerreichbar wurden relativiert, eine neue Lust an Mobilität griff um sich. An diesem Wandel des Weltbildes hatte auch die Photographie entscheidenden Anteil.

DER PHOTOGRAPH LEO BÄHRENDT: MOTIV UND MOTIVATION

Den Erschließern der Alpentäler, den Alpinisten und den Fremdenverkehrspionieren folgten die Photographen auf dem Fuß. Mit ihren Aufnahmen von reizvollen Landschaften, romantischen Berghütten, eindrucksvollen Gletscherfeldern und touristischen Einrichtungen, wie den mondänen Alpenhotels, trugen sie dazu bei, diese Gegend weitum bekannt zu machen.

Zu den ersten Photographen im Alttiroler Raum, die schwerbepackt mit Holzkamera und Glasplattennegativen etwa ab 1860 Bergtäler und Bergwelt erschlossen, gehörten der Trentiner Giovanni Battista Unterveger (1834-1912), der Innsbrucker Anton Gratl (1838-1915) und Bernhard Johannes (1846-1899) in Meran. Dazu kommen noch die Ortsansichten der in den jeweiligen Städten ansässigen Photographen, etwa von Albuin Johann Mariner (1863-1939) in Bruneck oder Josef March (1848-1922) in Brixen.

Der eigentliche Motor des Photographengewerbes war aber der aufblühende Fremdenverkehr im ausgehenden 19. Jahrhundert. Noch nie war es für Touristen so einfach und billig gewesen, Reiseeindrücke im Bild zu erhalten und mit nach Hause zu nehmen: das Erinnerungs- und Andenkenphoto war in Mode gekommen. Es waren zuerst Originalabzüge, später Ansichtskartenserien: in den einschlägigen Geschäften standen die schönsten Landschaftsansichten, Trachtenbilder und Szenen aus dem Volksleben als Einzelstücke oder als Alben, vom Visit- bis zum Großformat zum Verkauf.

Und die Gästeschaft nahm ständig zu: allein zwischen 1890 und 1909 hatte sich in Tirol das gastgewerbliche Angebot mehr als verdoppelt - von 1.000 Gasthöfen und Hotels mit 20.900 Betten auf 2.500 Beherbergungsbetriebe mit über 54.000 Betten. Die rasanteste Entwicklung hin zum modernen Kurort hatte Meran erlebt: von den 380 Gästen im Jahre 1850 und den 9.000 im Jahre 1885 schnellte die Anzahl des Kurpublikums kurz vor dem ersten Weltkrieg auf 40.000 Gäste jährlich hoch. Anteil und Gewinn an dieser Hochkonjunktur hatten natürlich auch verschiedene Gewerbezweige, darunter die Photographen.

MAGNET MERAN

Rechnungsformular, um 1910

Daß Meran im Aufwind war, hatte wohl auch Leo Bährendt erfahren. Konkreter Anlaß für ihn, nach Meran zu ziehen, war eine Zeitungsannonce, die der damals 24 jährige Bährendt in München las: der Malerbetrieb Slatosch in Meran suchte einen Geschäftsführer. So kam er 1900 nach Meran und nahm die Stelle an, allerdings nur für kurze Zeit. Nach einem weiteren Aufenthalt in München kam Leo Bährendt 1902 wieder nach Meran zurück und ließ sich hier endgültig nieder.

Geboren wurde Leo Bährendt am 12. August 1876 im westpreußischen Marienwerder als Sohn eines Staatsbeamten. Seinem künstlerischen Talent folgend, bildete er sich als Dekorationsmaler und Kopist alter Meister aus, und zwar in Hamburg und an der Kunstakademie in München, wo er bereits als 18 jähriger in der Alten Pinakothek kopierte und mit seinen Arbeiten in Kunstkreisen beträchtliches Aufsehen erregte. Nach seinem Militärdienst bei der Kavallerie in Metz setzte er seine Studien in Zürich fort. Wie viele Maler in der Frühzeit der Photographie wandte sich auch Leo Bährendt der Lichtbildnerei zu.

Mit seiner Übersiedlung nach Meran 1902 beendete er seine Wanderjahre und begann beruflich Fuß zu fassen. Sein Hang zur Natur und die Faszination der Berge hatten die Ortswahl wohl entscheidend mitbestimmt. Aber mindestens ebenso wichtig war, daß Meran damals einem tüchtigen, nach vorwärts blickenden jungen Mann alle Möglichkeiten eines beruflichen Vorwärtskommens bot.

"Erstes Kunstlicht-Atelier am Platz!" - so verkündete zu Weihnachten 1903 eine Annonce in der "Meraner Zeitung". Leo Bährendt hatte sich in der Habsburgerstraße Nr. 46 (heute Freiheitsstraße) und in den Wasserlauben 115, jeweils im rückwärtigen Gebäudeteil niedergelassen und betrieb das "Elektro-Photogr. Atelier 'Helios' "; es hatte, immer laut Annonce, bis 7 Uhr abends geöffnet (im Zeitalter des Glasdach-Ateliers eine Seltenheit!), ein Dutzend Bilder war schon innerhalb zwei Tagen zu haben und 5 Stück Postkarten kosteten 2 Kronen. Er konnte sich mit dem Atelier Helios offensichtlich geschäftlich durchsetzen und verlagerte das lichtbildnerische Schwergewicht - seinen Neigungen entsprechend - schon bald vom Portraitphoto auf die Landschaftsphotographie. Wenige Jahre später zog er um (in die bisherige Arbeitsstätte zogen Anton und Carl Broch ein) und baute im Haus Nummer 24 in der Habsburgerstraße, zuerst in Miete, später als Besitzer, das Photogeschäft mit Ansichtskartenverlag auf und aus.

Wie in anderen Berufszweigen, trugen in Meran auch bei den Photographen niedergelassene Zuwanderer zur Blüte des Gewerbes bei. Als einer der ersten gründete 1861 der aus Oberösterreich stammende Lorenz Bresslmair (1834-1882) ein "Stabiles photographisches Atelier" in den Berglauben und bestätigte sich als "bürgerlicher Photograph im Porträt- und Landschaftsfach". Wenige Jahre später, 1865, ließ sich ebenfalls in den Lauben ein "Hof-Photograph" des Bayernkönigs Ludwig I nieder, Peter Moosbrugger (1831-1883). Der vermutlich in Bayern geborene Moosbrugger war zuerst in Nizza Photograph, ehe er nach Bozen und schließlich nach Meran zog.

Bereits einen ausgezeichneten Ruf als Lichtbildner hatte Bernhard Johannes (1846-1899), als er 1883 von Partenkirchen nach Meran kam. Erst Kriegsphotograph im deutschen Feldzug gegen Frankreich, ließ er sich 27 jährig als gesuchter Portraitphotograph in Partenkirchen nieder, unternahm aber gleichzeitig ausgedehnte Hochgebirgstouren nach Tirol, Kärnten und in die Steiermark. Auch in Meran, wo er ein eigenes Atelier-Gebäude errichten ließ, war in vornehmen Kreisen der Ruf des "K.u.K. Hofphotographen" bald in aller Munde. Daneben erbrachte Johannes hervorragende Leistungen in der Hochgebirgsphotographie. Keiner vor ihm war in den westlichen Tiroler Alpen so häufig mit der Kamera im Hochgebirge unterwegs gewesen, keiner war hier zuvor so erfolgreich in die Region des ewigen Eises vorgestoßen.

Schließlich trug in der Frühzeit zum Ansehen der Meraner Photographie noch August Jacob Lorent (1813-1884) bei, ein Deutsch-Amerikaner, dessen Reisephotographien aus Italien, Algerien, Ägypten und dem Nahen Osten bereits zu seiner Zeit Weltruhm hatten. Lorent ließ sich vermutlich aus Gesundheitsgründen elf Jahre vor seinem Tod in Meran nieder. Einige Zeugnisse seiner lichtbildnerischen Tätigkeit in Meran, großformatige Stadt- und Landschaftsaufnahmen, sind noch erhalten.

Als Leo Bährendt nach Meran kam, hatte es bereits eine Reihe weiterer Photographen gegeben, darunter Franz und Ernst Largajolli, Josef Holzner, Hildebrand von Perckhammer wie auch Franz Peter. Ein Adressenverzeichnis von 1912 weist gar schon mehr als ein Dutzend Photographen auf.

VOM PHOTO ZUR ANSICHTSKARTE

Erich und Leo Bährend um 1950

Das Atelier Helios hatte Leo Bährendt noch zusammen mit seinem Bruder Erich Bährendt (1874-1966) unter der Firmenbezeichnung "Gebrüder Bährendt" geführt. Auch Erich Bährendt hatte eigentlich Maler werden wollen, stieg dann aber als Photograph in das Geschäft seines Bruders ein. Wenige Jahre vor Ausbruch des ersten Weltkrieges wollte Erich Bährendt sich selbständig machen und ließ sich 1908 im istrischen Abbazia nieder. Aus Gesundheitsgründen zog er schon fünf Jahre später nach Bad Ischl, wo er wie sein Bruder in Meran einen Ansichtskartenverlag aufbaute und betrieb, bis er 1963 in den Ruhestand trat.

Wie schon erwähnt, lag Leo Bährendt die Portraitkunst wenig. Er hatte eine starke Neigung zur Natur, er wollte lieber auf Motivsuche unterwegs sein: zu Fuß, im Rucksack Kamera, Stativ, Platten und Objektive (zusammen gut 30 Kilogramm schwer) oder mit dem Fahrrad und später, ab den 20er Jahren mit dem Auto, einem starkmotorigen Ansaldo, Kennzeichen BZ 833.

Die ständigen Photofahrten bestimmten übrigens auch das Ehe- und Verwandtschaftsleben (Leo Bährendt heiratet nach dem Tod seiner ersten Frau 1926 ein zweites Mal, beide Ehen blieben kinderlos): Ausflüge bei guter Witterung waren stets zugleich Phototermine, immer wieder hieß es anhalten, ergab sich eine gute Gelegenheit, eine Aufnahme zu machen. Sogar die Hochzeitsreise 1926 nach Venedig hatte einen dritten Begleiter - die Kamera!

Leo Bährendt besaß sicher ein natürliches Talent für die Lichtbildnerei, spezifische

Ausbildung hatte er keine durchgemacht, er war Autodidakt. Das Fachwissen besorgte er sich aus Büchern und Zeitschriften, das Auge hatte er als Maler geschärft. Von seinen Aussprüchen zu diesem Thema sind etwa überliefert "Entweder man hat das Auge oder man hat es nicht" und "Das Photographieren kann man niemanden mit dem Nürnberger Trichter einflößen, das muß man sich selbst erarbeiten". Nach dieser Devise lebte und arbeitete Leo Bährendt. Schon vor 1914 setzte er auf Ansichtskarten und legte den Grundstock für den späteren umfangreichen Ansichtskarten-Verlag. Aus verkehrstechnischen Gründen bearbeitete er in der Anfangszeit vor allem Meran und Umgebung sowie die westliche Landeshälfte Südtirols. Zu seinen Lieblingsgegenden gehörten Sulden, Trafoi und das Ortlergebiet. Er stieß mit seiner Holzkamera (Glasnegativ-Platten im Format 13 x 18 cm) bis in die Gletscherregion vor und brachte wunderbare Hochgebirgsaufnahmen mit ins Tal. Nicht immer waren diese Photo-Expeditionen von Erfolg gekrönt, oftmals vereitelte ein Schlechtwettereinbruch jede Aufnahmemöglichkeit, und wenn Leo Bährendt nach tagelangem Warten auf der Payer-Hütte etwa wieder ins Tal stieg, zogen die Wolken plötzlich ab ... Diese Mühen und Widrigkeiten lassen sich heute nur noch erahnen, denn was uns heute überliefert ist, sind ja nur die gelungenen Bilder.

Für seine Ansichtskarten und seine sonstigen Bildproduktionen photographierte Leo Bährendt vorwiegend im Format 13 x 18 cm, später 10 x 15 cm. Aber er folgte auch den Moden der Stereo-Photographie und vor 1914 besaß er schon eine Panorama-Kamera der Marke Kodak (Negativ-Format 10 x 33 cm). Mit dieser Spezialkamera fertigte er mehrere Aufnahmen von Meran und Umgebung an, vor allem aber nahm diese Kamera an einem spektakulären Ballon-Flug teil: am Vormittag des 31. März 1912 stieg vom Sportplatz in Untermais der Ballon "Tirol" auf. Die Vorbereitungen hielt Leo Bährendt mit seiner Panoramakamera fest, dann übergab er wohl den Apparat dem Kurhaus-Restaurateur Michael Landtmann, der mit Dr. Leo Putz und dem Ballon-Kapitän Hauptmann Perathoner auf Fahrt ging. Erhalten geblieben ist jedenfalls eine Reihe von Luftaufnahmen, welche die "großartige Aussicht bei reiner Luft" festhielten (so konnte man in einem Bericht der "Burggräfler Zeitung" zum Ballonflug lesen). Der Ballon landete übrigens nach einer knapp fünfstündigen Fahrt recht unsanft auf einer Hochalm in Osttirol.

Gerne vermittelte Leo Bährendt sein Wissen anderen Personen, den Verwandten, die in seinem Betrieb tätig waren, aber auch den Kunden. Denn das adelige und großbürgerliche Kurpublikum vor 1914 hielt sich oft monate- oder gar jahrelang in Meran auf, und so mancher Gast dilettierte zum Zeitvertreib mit der Photographie. Die nötigen Apparate und Utensilien besorgte man sich bei den örtlichen Photographen. Auch Leo Bährendt verkaufte diesen Kurgästen Photoapparate, richtete ihnen Dunkelkammern ein und unterwies sie im Entwickeln und Kopieren.

Den geschäftlichen Aufwärtstrend unterbrach abrupt der Erste Weltkrieg. Die Blütezeit des Kurortes Meran, war zunächst vorbei, das begüterte, mondäne Kurpublikum blieb aus. Leo Bährendt konnte zwar die Kriegsjahre in Meran verbringen und das Geschäft weiterführen, die Nachfrage an schönen Landschaftsbildern war aber rapide gesunken. Erst 1923, 1924 kamen wieder Gäste nach Meran und bis zur zweiten Blütezeit des Kurortes hieß es noch warten bis in die 30er Jahre. Bis dahin baute Leo Bährendt seinen Verlag fleißig aus und hatte dann Tausende Motive im Angebot. In dieser Zeit beschäftigte er sechs bis acht Angestellte, wurden damals

Photokarton-Rückseite des Ateliers "Helios" der Gebrüder Bährendt (Leo und Erich Bährendt) mit dem Hinweis auf ein Ehrendiplom und eine goldene Medaille, die sie mit ihren Photographien bei der internationalen Kunst- und Gewerbeausstellung 1905 in Brüssel erhalten hatten.

doch alle Ansichtskarten im Handverfahren hergestellt. In seinem Geschäftshaus am Corso Principe Umberto (heute Freiheitsstraße 106) befand sich ebenerdig das Verkaufslokal. Vergrößert, entwickelt und bedruckt wurde in mehreren Dunkelkammern im Dachgeschoß. Dort standen zwei riesige Vergrößerungsapparate auf Schienen, denn die Belichtung des Photopapiers (vor allem der Marke Leonar) erfolgte im horizontalen Projektionsverfahren. Auf zwei weiteren Vergrößerungsapparaten wurden die Amateur-Filme im Klein- und Mittelformat bearbeitet. Im Labor standen weiters zwei große Bleitröge zur Wässerung der Photos, die dann über Nacht auf mit dünnem Stoff bespannten Holzrahmen getrocknet wurden. Die einzelnen Photokarten wurden dann an allen vier Ecken mit einem Holzlineal ausgestreift und anschließend gepreßt. Endlich mußten sie noch beschnitten werden, mit glattem Schnitt oder Bütten-Schnitt. Im letzten Arbeitsgang wurden die Ansichtskarten mit einer ebenfalls an Ort und Stelle vorhandenen Druckmaschine mit Ortsbezeichnung und Verlagsangaben versehen. Es war mithin ein aufwendiger Arbeitsprozeß, dennoch wurden bei guter Auftragslage pro Tag auch mehrere tausend Ansichtskarten hergestellt und 50 bis 60 Amateurfilme entwickelt und abgezogen. Die nicht direkt im Geschäft und in Meran verkauften Ansichtskarten wurden in Musteralben gegeben, mit denen Adolf Scheler, ein Neffe Leo Bährendts, als Vertreter auf Bestellungstour ging. Neben dem Dolomitengebiet (einschließlich Trentino) wurden im Angebot Verona, das Gardaseegebiet und auch Venedig geführt, wo in den dreißiger Jahren Tausende in Meran hergestellte Karten abgesetzt werden konnten.

"SIE WIRBELTE STAUB AUF UND STANK NACH BENZIN, DIE NEUE ZEIT" (C. Gatterer)

Wie das Land, in dem er sich niederließ und auf das er sein Objektiv richtete, gehörte Leo Bährendt zwei Epochen an. Weite Teile Südtirols verharrten auch während der ersten Hälfte unseres Jahrhunderts noch in der geographisch wie gesellschaftlich-geistigen Abgeschiedenheit des 19. Jahrhunderts. Andererseits hatten sich aber das expandierende Verkehrswesen an der europäischen Nord-Süd-Route, der mondäne Fremdenverkehr und später das faschistische Regime in den zentralen Tallagen, aber auch an exponierten Punkten im Gebirge als Vorboten der Moderne eingenistet - mit allen ihren entwicklungsgeschichtlich und gesellschaftlich positiven wie problematischen Erscheinungen. Schon der erste Hauch der Moderne war im tiefkonservativen Alt-Tirol auf viel Widerstand gestoßen: die ersten "Fremden" (Touristen), die "Andersgläubigen" (Protestanten), die "Andersdenkenden" (die sozialdemokratischen Eisenbahner ebenso wie die liberalen Kaufleute) - und ganz besonders die erklärtermaßen als Totengräber von Volkstum und Südtiroler Identität auftretenden faschistischen Machthaber.

Leo Bährendt beim Photographieren

Neben dem politischen Zeitenlauf gaben die verschiedenen Fremdenverkehrsschübe dem Land seine Prägung. Diese gingen auch noch in der Zeit unserer Eltern oder Großeltern nicht ohne Widersprüche und Widerstand ab. Zu oft prallten zwei Welten aufeinander, wie sich auch der aus Sexten stammende Historiker und Journalist Claus Gatterer erinnert: "Wir Kinder waren damals noch eingesponnen in eine Welt, die, denke ich heute daran, nicht von dieser Welt schien. Es war alles einfach, bescheiden, wohlgeordnet. Jedes Ding hatte seinen Sinn, jeder Tag seinen Gang und jede Woche ihre Ordnung, jahraus, jahrein. Es wäre schwer zu sagen, ob der Ablauf der Wochen und Monate mehr von der jahrhundertealten Übung bestimmt war

oder ob die Unerbittlichkeit der Jahreszeiten ihn vorschrieb, die als das letzte Gesetz mit Sonne und Regen, Schnee und Eis über allem waltete."
Und dann brach auch über Sexten der Fremdenverkehr herein, nicht jener der "Herrschaften", sondern jener der "Fremden", brachte so manches Neue, Unverständliche mit sich - "Sie wirbelte Staub auf und stank nach Benzin, die neue Zeit ... Aus jenen Jahren des Überganges zwischen dem goldenen Zeitalter der 'Herrschaften' und dem bronzenen der 'Fremden' ist er mir vor allem als Sittlichkeits- beziehungsweise als Unsittlichkeitsfaktor in Erinnerung. Die Fremden waren durchaus nicht allgemein willkommen. Im Gegenteil. Mancherorts lebten fanatische Eiferer des Althergebrachten, die Zucker und saure Milch in die Benzintanks der 'herrischen' Autos taten, alle Kabel aus der Motorhaube rissen, die damals sehr wichtigen Anlasserkurbeln vorne am Kühler mit übelriechendem Hennenmist beschmierten und mit scharfen Messern die Reifen aufschlitzten. Bei uns auf dem Berg jagte eine Bäuerin eine einschichtige deutsche Skifahrerin, die sich auf einer Tour halberfroren in ihr Haus verirrt hatte, mit Besen und Weihwasser aus dem Tempel, so sehr hatte die behoste Erscheinung sie erschreckt." (Claus Gatterer: Schöne Welt, böse Leut. Kindheit in Südtirol. Wien 1982, Seite 73 und Seite 263).
Solche Antagonismen thematisiert Leo Bährendt in seinen Aufnahmen bewußt nicht. Er zeigt uns eine höchst geordnete Welt, wo die Reize der Natur und die touristischen Errungenschaften in Eintracht koexistieren. Dennoch ist auch sein Werk nicht frei vom tiefgehenden Riß zwischen den zwei Jahrhunderten.
Dies läßt sich auch aus dem Nachruf auf Leo Bährendt herauslesen: "Mit dem bekannten Alpenphotographen der klassischen Zeit, Ed. Benesch, und mit Johannes zählt er zu den Erschließern der Schönheiten unserer Gegend und der Alpenwelt" heißt es in dem mit Pk gezeichneten Artikel (vermutlich Bruno Pokorny, Dolomiten vom 11.5.1957); neben den zeitlosen Alpenaufnahmen war das Werk Leo Bährendts aber auf zeitgemäße Wirkung abgestimmt: "Wenn wir seine vorzüglichen Aufnahmen heute betrachten, können wir ermessen, wie wirksam die Werbung dieser Bilder im Ausland war" (ebenda).

Leo Bährendt, um 1940

Bildungs- und Kompositionsmuster hatte Leo Bährendt im vorigen Jahrhundert in sich aufgenommen und weitgehend stets beibehalten: die panoramaartigen, von leichter Anhöhe aus aufgenommenen Ortsansichten, wie sie uns von den Stadtstichen bekannt sind, oder die romantisch angehauchte Positionierung einer Person als Identifikationspunkt im Bildvordergrund. Er zeigt uns das kleinstädtische Flair und die dörflichen Siedlungen, wirft einen Blick auf die schindelbedeckten Dachlandschaften und führt uns durch malerische Gassen und auf Dorfplätze, die sich im Lauf der Jahrhunderte kaum verändert haben. Es ist dies eine Bilderwelt im Rhythmus der Wanderer und pferdebespannten Stellwagen.
Aber schon von seiner eigenen Lebensgeschichte her war Leo Bährendt keine ausschließlich statische Eigenschaft beschieden: Wanderungen und Bergtouren bereiteten ihm ebenso Freude wie kurvenreiche Autotouren über die Dolomitenpässe - und beide Varianten flossen als Motive in seine Bilder ein. Er wich den Vorboten der neuen Zeit keineswegs aus, waren doch auch viele Aufnahmen, gerade jene der Hotels, Auftragsarbeiten. Die Idee einer motorisierten Welt faszinierte ihn: seine Aufnahmen mit den kunstvoll angelegten Bergstraßen, den behäbigen Automobilen, den ersten Tankstellen, den marktschreierischen Werbetafeln längs der Straßen und den

Informationsschriften auf Gebäuden und Dächern (ab den 20er Jahren aus politischem Zwang nur mehr in italienischer Sprache), all diese Insignien der neuen Zeit sind für uns heute eine interessante kulturgeschichtliche Fundgrube.

Von einem stark klassisch geprägten Bildaufbau geleitet, nahm er die Zeichen der Moderne unbekümmert in die traditionelle Bildkomposition auf: die den Betrachter gleichsam ins Bild bzw. an den "realen" Ort geleitende Straße, die den Wandersmann am Zaun als Staffage ablösenden Automobile, die das geistige Auge des Betrachters gleichsam am Beifahrersitz Platz nehmen lassen und an neue, unbekannte Orte bringen. Bährendts Bilder sind streckenweise ein imaginärer Reiseführer entlang der Verkehrsrouten, eine motorisierte Rundfahrt, bei der der Reisende immer wieder Blicke auf die vorbeiziehende Landschaft wirft und sie als Momentaufnahme in der Erinnerung festhält.

Diese Aufgabe erfüllen Leo Bährendts Photographien, die der interessierten Kundschaft als Ansichtskarten, in Büchern, Prospekten und auf Plakaten zur Verfügung standen. Denn neben den Tausenden Ansichtskarten schmückten seine Aufnahmen großformatig Bahnhofshallen und Wartesäle, waren in den wichtigen Reiseführern und Südtirol-Bildbänden zu finden und dienten der Tourismus-Werbung. So konnte dann auch im bereits erwähnten Nachruf resümiert werden: "Es gab wohl keine Zeitschrift, keine Neuerscheinung mit Bildern, keinen Hotelprospekt, in dem nicht wenigstens eine Aufnahme seinen Namen trug."

Frau Irmgard Scheler im Geschäft Bährendt, 1962

Nach dem Tod von Leo Bährendt am 30. April 1957 führte seine Nichte Irmgard Scheler das Geschäft weiter. Sie hatte bereits seit 1942 dort mitgearbeitet. Für immer geschlossen wurde das Photo-Geschäft Bährendt im Jahre 1967. Die Geräte wurden verkauft, den Großteil des Negativplatten-Bestandes bewahrte Frau Scheler auf. Nachdem der wertvolle Bestand mehr als zwei Jahrzehnte in einem Kellerraum in Meran wohlverwahrt lagerte, übernahm ihn Gunther Waibl mit der Auflage, dieses Photoarchiv an eine öffentliche Stelle weiterzuleiten. Seit Anfang 1992 sind die beinahe 7.000 Negative (meist Glasplatten in den Formaten 13 x 18 cm und 10 x 15 cm) im Besitz des Landes Südtirol und bilden den Grundstock der neuen Photodokumentationsstelle beim Landesamt für Audiovisuelle Medien.

Der Bestand Leo Bährendt umfaßt in erster Linie Aufnahmen von Leo Bährendt selbst, es ist aber anzunehmen, daß ein kleiner Teil davon von anderen Photographen, wie beispielsweise von seinem Neffen Arthur Scheler, aufgenommen wurde oder daß Negative von anderen Photographen bzw. Verlagen angekauft wurden. So wurden gegen Ende des zweiten Weltkrieges einige hundert Glasplatten-Negative von dem in Bozen ausgebombten Photographen Arthur Ambrosi übernommen und teilweise in das Verlagsarchiv eingegliedert.

Diese Aufnahmen wurden in der vorliegenden Publikation nicht verwendet. Im übrigen ist eine verbindliche Festlegung der Autorenschaft aller Photographien heute kaum mehr möglich.

Frau Irmgard Scheler gilt ein herzlicher Dank für ihre umfassenden Auskünfte und dafür, daß sie das wertvolle Material für die Nachwelt erhalten hat.

Gunther Waibl

VINSCHGAU

Schluderns

Glurns

vorhergehende Doppelseite: *St. Valentin auf der Haide*

Graun

Graun

Vinschgauer Eisenbahn, Mals *

Mals, Bahnhof *

Stilfser Joch, Ferdinandshöhe *

Trafoi

Schnalstal, Kurzras
Schnalstal, Karthaus

Venter Tal *

Schutzhütte "Schöne Aussicht" gegen Finailspitze

Similaunhütte

Gletscherpartie am Ortler

Martell

Martell, Sporthotel Val Martello (Hotel Paradiso)

MERAN UND UMGEBUNG

Tappeinerweg mit Pfarrkirche *

Kurpromenade *

Obermais, Brunnenplatz *

Kurmittelhaus, Halle

nachfolgende Doppelseite: *Kurmittelhaus, Schwimmbad*

Aufstieg des Ballons "Tirol" am 31. März 1912 vom Sportplatz in Untermais *

Meran vom Ballon aus *

Panoramaaufnahmen von Meran *

Obermais mit Schloß Winkel *
Hotel Bellevue

Hotel Esperia, ehemals Hotel Auffinger

Rennweg

Santer Klause *

Lana, Obstmagazin Zuegg *

nachfolgende Doppelseiten: *Obstmagazin Zuegg, Obstversand* *

Hafling

St. Pankraz in Ulten

Ulten, Häusl am Stein

St. Leonhard in Passeier

Jaufenpaß

Jaufenpaß

EISACKTAL
WIPPTAL

Brixen, Albuingasse

Brixen, Eisackufer

Brixen, Fischzucht

Sterzing

Sterzing, Spitalkirche zum Hl. Geist

BOZEN UND UMGEBUNG

Gscheibter Turm und Talfer *

Bozner Wassermauer mit Schloß Maretsch *

Reichrieglerhof mit Blick auf Bozen

folgende Doppelseiten: *Bozen, vom Virgl aus gesehen*

Talferbrücke

Drususbrücke

Obstmarkt *

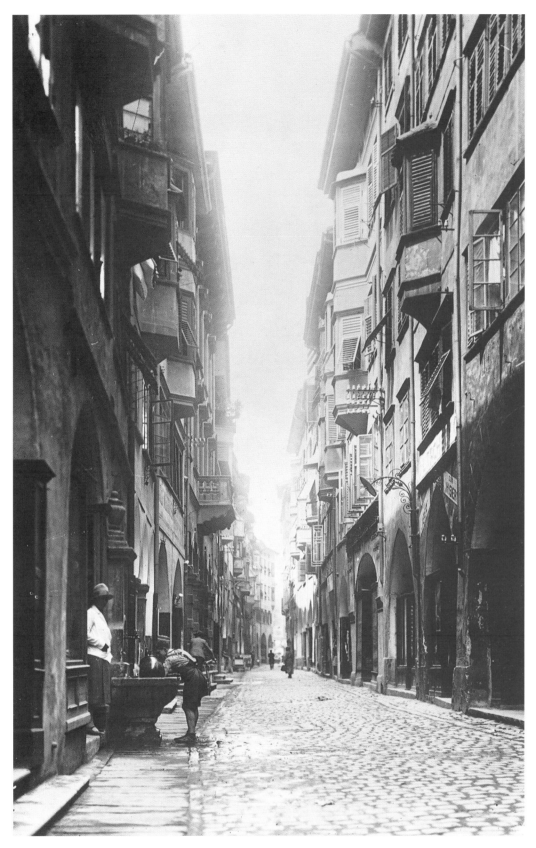

Laubengasse *

Schloß Runkelstein am Eingang ins Sarntal

Schloß Karneid über der Eggentaler Schlucht

Standseilbahn Guntschna

Standseilbahn auf den Virgl

Seilschwebebahn nach Kohlern

Zahnradbahn auf den Ritten

Montiggler See
Völser Weiher

Wolfsgrubner See

St. Michael-Eppan

Eppan, die Schlösser Englar und Gandegg

Kaltern, Standseilbahn auf die Mendel

Aussichtsturm auf dem Penegal

Mendel, Grand Hotel Penegal

Hotel Karerpaß

Grand Hotel Karersee

Straße durch die Eggentaler Schlucht *

Eggentaler Schlucht *

DOLOMITEN

Kastelruth

vorhergehende Doppelseiten: *Dolomitenstraße mit Latemar*

Selaushütte auf der Seiser Alm

Sporthotel "Monte Pana", Gröden

St. Ulrich, Hotel Post

Wolkenstein

St. Christina

Grödner Bahn, St. Christina

Gröden, Festschlitten

Gröden, Festtagstracht

nachfolgende Doppelseiten: *Kastelruth, Festtagstracht*

Colfuschg gegen Corvara

Pordoijoch

Sellapaß

Pordoijoch gegen Sellagruppe

Cortina d'Ampezzo, Belvedere - Seilbahn
Calloneghe bei Alleghe

Falzarego-Paß gegen Hexenfels (Sass Stria)

nachfolgende Doppelseiten: *Torkofl*
Sexten, Hotel Post

PUSTERTAL

Hotel Pragser Wildsee

Innichen, Wildbad
Neu-Toblach, Hotel Germania

Toblach

St. Lorenzen

St. Lorenzen gegen Rieserferner

Bruneck, Stadtgasse

Bruneck, Kapuzinerplatz mit Spitalkirche

Bruneck, von Dietenheim aus gesehen

nachfolgende Doppelseite: *Automobilausflug mit Damen, Rast beim Sandwirt im Passeier*

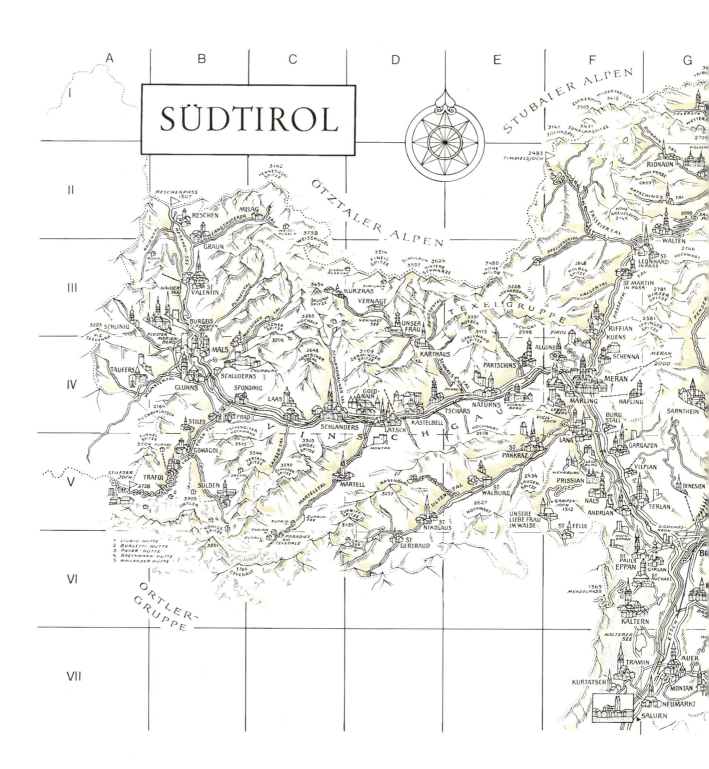

INHALTSVERZEICHNIS

VINSCHGAU	29
MERAN UND UMGEBUNG	45
EISACKTAL - WIPPTAL	75
BOZEN UND UMGEBUNG	81
DOLOMITEN	107
PUSTERTAL	131

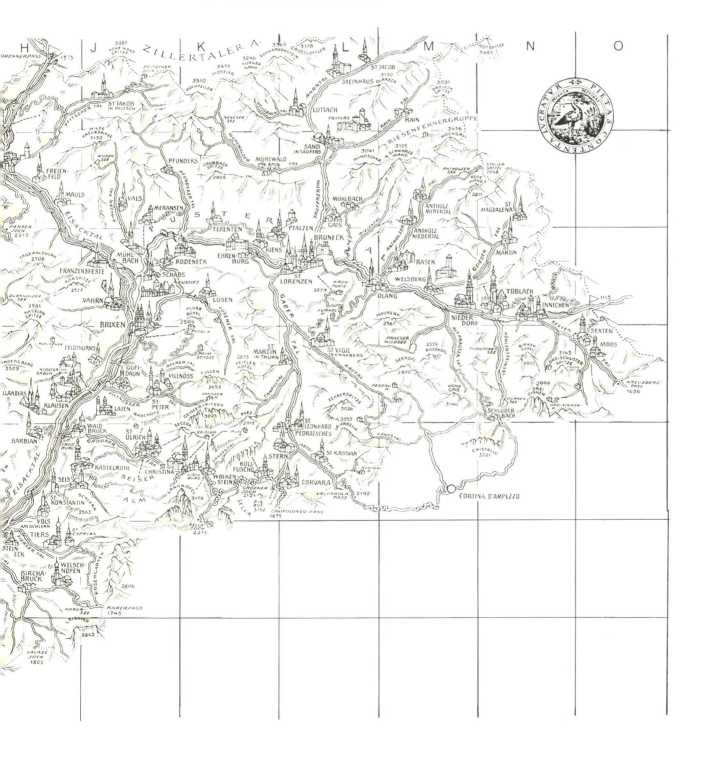

AUSWAHLBIBLIOGRAPHIE:

Meixner, Wolfgang/Piock, Richard: Transit - Die Überwindung der Alpenbarriere in der Photographie (Durst-Photodokumente 1), Brixen 1991

Pichler, Florian: Südtirol in alten Lichtbildern, Bozen 1981

Pichler, Florian/Tscholl, Egon: 150 Jahre Meraner Photodokumente 1839-1989, Meran 1989

Pizzinini, Meinrad/Forcher, Michael: Alt-Tiroler Photoalbum, Salzburg, St. Peter 1979

Waibl, Gunther: Photographie und Geschichte - Sozialgeschichte der Photographie in Südtirol 1919-1945. Dissertation, Wien 1985

Waibl, Gunther (Hrsg.): Zeit-Bilder, 150 Jahre Photographie. Tirol, Südtirol, Trentino. Bozen 1989

Die mit * gekennzeichneten Aufnahmen sind vor 1914 entstanden.
Alle anderen stammen aus den 20er und 30er Jahren. Leo Bährendt hat seine Photographien nicht datiert.

Titelbild: Leo Bährendt mit seinem Automobil "Ansaldo" auf Photo-Tour im Gadertal (La Ila/Stern)
Vorsatzblätter: Leo Bährendt mit Hündin Chessy beim Photographieren
Leo Bährendt als Fischer in Erfolgspose vor der Kamera.
Rückseite: Leo Bährendt, 1914

Die Reihe "Photographica" erscheint in Zusammenarbeit mit "foto-forum, Südtiroler Gesellschaft für Photographie".

Diese Publikation gilt auch als Katalog zur Photoausstellung Leo Bährendt, die am 2. April 1992 im Rizzolli-Haus in Bozen eröffnet und in der Folge als Wanderausstellung in mehreren Orten Südtirols und Österreichs gezeigt wird.

© Edition Raetia, Bozen 1992

Photonachweis: Photodokumentationsstelle/Landesamt für Audiovisuelle Medien, Bozen; Sammlung Gunther Waibl, Bozen
Abzüge von den Originalnegativen (Glasplatten): Foto A. Ochsenreiter, Bozen
Die Landkarte ist dem Merian-Heft "Südtirol" 9/XXVI entnommen
Umschlaggestaltung und Layout: Dall'O & Freunde
Gesamtherstellung: La Commerciale - Borgogno

ISBN 88-7283-012-5

GUNTHER WAIBL geboren 1956 in Bruneck, lebt heute als Journalist in Bozen. Selbst photographisch tätig, spezialisierte er sich mit einer Dissertation über "Photographie und Geschichte" an der Universität Wien in den Bereichen Photogeschichte und -theorie. Publiziert seit vielen Jahren Artikel und Beiträge zur Photographie und zur lokalen Geschichte dieses Mediums. 1989 Organisator der Ausstellung "Zeit-Bilder/150 Jahre Geschichte der Photographie in Tirol, Südtirol und Trentino" in Bozen, Innsbruck und Trient. Mitglied der Deutschen Gesellschaft für Photographie. 1991 Gründungsmitglied und Präsident der Vereinigung "foto-forum/Südtiroler Gesellschaft für Photographie" in Bozen.